옥효진 선생님의
매일 매일 문해력 왕

Foreign Copyright:
Joonwon Lee Mobile: 82-10-4624-6629

Address: 3F, 127, Yanghwa-ro, Mapo-gu, Seoul, Republic of Korea 3rd Floor
Telephone: 82-2-3142-4151
E-mail: jwlee@cyber.co.kr

2024. 6. 17.  초 판 1쇄 인쇄
**2024. 6. 26.  초 판 1쇄 발행**

지은이 | 옥효진
그  림 | 신경영
펴낸이 | 최한숙
펴낸곳 | BM 성안북스
주  소 | 04032 서울시 마포구 양화로 127 첨단빌딩 3층(출판기획 R&D 센터)
         10881 경기도 파주시 문발로 112 파주 출판 문화도시 (제작 및 물류)
전  화 | 02) 3142- 0036
         031) 950- 6300
팩  스 | 031) 955- 0510
등  록 | 1973. 2. 1. 제406-2005-000046호
출판사 홈페이지 | www.cyber.co.kr
이메일 문의 | smkim@cyber.co.kr
ISBN | 978-89-7067-455-1 (64710) / 978-89-7067-443-8 (set)
정 가 | 12,800원

**이 책을 만든 사람들**

총괄 · 진행 | 김상민
기획 | 북케어
본문 · 표지 디자인 | 정유정
홍보 | 김계향, 임진성, 김주승
국제부 | 이선민, 조혜란
마케팅 | 구본철, 차정욱, 오영일, 나진호, 강호묵
마케팅 지원 | 장상범
제작 | 김유석

■ 도서 A/S 안내

성안당에서 발행하는 모든 도서는 저자와 출판사, 그리고 독자가 함께 만들어 나갑니다.
좋은 책을 펴내기 위해 많은 노력을 기울이고 있습니다. 혹시라도 내용상의 오류나 오탈자 등이 발견되면 **"좋은 책은 나라의 보배"**로서 우리 모두가 함께 만들어 간다는 마음으로 연락주시기 바랍니다. 수정 보완하여 더 나은 책이 되도록 최선을 다하겠습니다.
성안당은 늘 독자 여러분들의 소중한 의견을 기다리고 있습니다. 좋은 의견을 보내주시는 분께는 성안당 쇼핑몰의 포인트(3,000포인트)를 적립해 드립니다.

잘못 만들어진 책이나 부록 등이 파손된 경우에는 교환해 드립니다.

# 옥효진 선생님의 매일매일 문해력왕 ⑫

1교시 : 지구와 우주

2교시 : 과학과 물질

3교시 : 불과 물

4교시 : 산업과 에너지

BM 성안북스

　우리는 하루 동안 수없이 많은 말을 들어요. 엄마, 아빠가 나에게 해 주시는 말들, 학교에서 쉬는 시간 동안 친구들과 나누는 말, 선생님이 수업 시간에 해 주시는 설명들, 만화나 영화 같은 영상 속 등장인물들이 하는 말들을 듣죠. 또, 수없이 많은 글을 읽고 있어요. 재미있는 이야기책 속의 글들, 교과서에 적혀 있는 글들, 길을 걸어가며 보이는 안내문과 간판들. 우리는 말과 글에 둘러싸여 살아가고 있다고 할 수 있는 거죠. 그런데 여러분은 여러분이 보고 듣는 것들을 얼마나 이해하고 있나요? 말을 듣는다고 모든 말을 이해하는 것은 아니에요. 글을 읽는다고 모든 글을 이해하는 것도 아니죠.

　우리가 듣는 말과 읽는 글을 이해하기 위해서는 문해력이 필요해요. 문해력이란 내가 읽는 글, 내가 쓰는 글, 내가 듣는 말, 내가 하는 말의 뜻을 이해하고 내 것으로 만드는 능력이에요. 여러분이 읽게 될 교과서 속 글들도, 수업 시간에 선생님이 하는 말씀도, 갖고 싶었던 장난감의 설명서를 읽고 장난감을 사용하는 것도

이 문해력 없이는 어려운 일이에요. 문해력이 있어야 여러분이 보고 듣는 것을 이해할 수 있죠. 다시 말하자면 문해력이 점점 자랄수록 여러분이 경험하고 이해할 수 있는 세상이 점점 넓어지는 것이랍니다.

그래서 문해력을 어릴 적부터 기르는 게 중요해요. 하지만 문해력은 글자를 읽고 쓸 줄 안다고 저절로 생기는 것은 아니에요. 많은 글을 읽으면서 글이 어떻게 쓰여 있는지, 이 글에 담겨 있는 뜻은 무엇인지를 이해하는 연습을 해야 해요. 유명한 운동선수가 매일매일 꾸준히 연습하고, 훈련을 하는 것처럼 말이에요. 오늘부터 선생님과 함께 매일매일 문해력을 기르는 연습을 해 보는 건 어떨까요? 여러분도 모르는 사이에 여러분이 문해력 왕이 되어 있을지도 몰라요. 그만큼 세상을 보는 여러분의 눈도 쑥쑥 자라 있겠죠.

이 책을 통해 여러분들의 문해력이 쑥쑥 자라나기를 바라요. 그리고 쑥쑥 자라난 문해력으로 이제 막 세상에 발걸음을 떼기 시작하는 여러분이 볼 수 있는 세상이 넓어지기를 바랍니다.

옥효진 선생님

5

# 이 책을 보는 법

**초등 교과 전체에서 핵심 주제를 뽑아 어휘, 문법, 독해, 한자까지 익힐 수 있도록
일주일 프로그램으로 구성했습니다.**

주제와 관련된 기본 어휘의 이해를 돕는 그림과 함께 익힐 수 있습니다.

주제와 관련된 기본 어휘인 명사, 동사, 형용사를
배웁니다.

주제와 관련된 의성어, 의태어를 배웁니다.

낱말 확장은 물론 속담, 관용어까지 배웁니다.

주제와 관련된 속담과 관용어를 익힙니다.

헷갈리기 쉬운 말, 잘못 쓰기 쉬운 말, 유의어,
반의어, 다의어, 동형어, 고유어, 외래어 등의
확장 낱말을 익힙니다.

7급, 8급 수준의 한자에서 추출한 문해력 핵심 한자를 배웁니다.

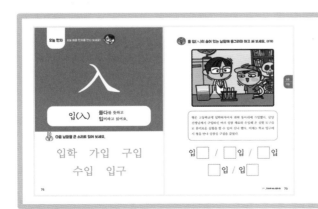

한 주에 1개의 핵심 한자와 연관된 한자어 5개를
학습합니다.

그림과 예시글을 통해 한자 사용의 이해를 높였
습니다.

직접 써 보는 공간도 마련했습니다.

**짧은 문장으로 시작해서 긴 문단 독해까지 독해력이 성장할 수 있도록 구성했습니다.**

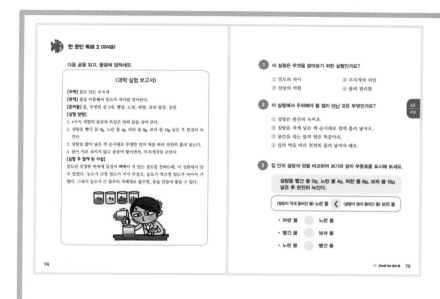

어순, 접속 부사, 종결형 문장, 시제, 높임말, 예사말, 피동, 사동, 부정 등을 익힐 수 있도록 했습니다.

주제와 관련된 확장 어휘를 사용하여 한 문장~세 문장 독해까지 완성된 문장을 만들 수 있도록 했습니다.

우화나 동화(문학), 생활에서 사용되는 지식글(비문학) 등 초등 교과에 담긴 12갈래 형식의 글을 통해 문제를 풀고 익힙니다.

※ 수학 개념을 적용한 문제까지 마련했습니다.

**확인 학습을 통해 일주일간 학습한 내용을 복습합니다.**

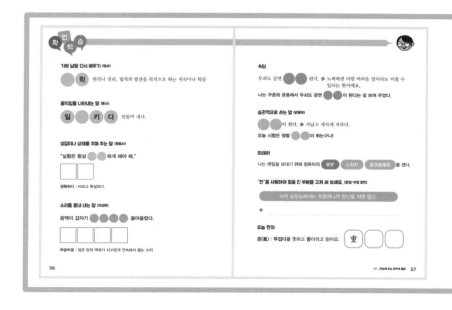

한 주간 배운 내용 중 핵심이 되는 내용을 추렸습니다.

일주일 안에 복습하는 공간을 만들어 학습한 내용을 장기 기억으로 저장할 수 있도록 했습니다.

## 목 차

# 1주

## 한눈에 보는

# 지구와 우주

# 한눈에 보는 지구와 우주

지구　공전　자전　인공위성　중력　태양　별　달
우주　　은하계　　우주인　　로켓　　우주　　별자리

| | |
|---|---|
| **지구** | 인간이 사는 곳으로 태양에서 세 번째로 가까운 행성 |
| **인공위성** | 지구 둘레를 도는 기계 장치 |
| **중력** | 지구의 표면에 있는 물체를 지구의 중심 방향으로 끌어당기는 힘 |
| **우주** | 지구 밖의 공간과 끝없는 시간 |
| **로켓** | 높은 온도와 높은 압력의 가스를 내뿜어 나가는 장치나 비행물 |
| **별자리** | 밝은 별을 중심으로 별의 위치를 정해 놓은 것 |

**지구와 우주를 나타내는 말을 알아봅시다.** (동사)

| | | | | |
|---|---|---|---|---|
| 비추다 | 나타나다 | 사라지다 | 떠오르다 | 넘어가다 |
| 반짝이다 | 빛나다 | 쏟아지다 | 돌다 | 띄우다 |

**비추다**    빛을 보내어 밝게 하다.

**떠오르다**    솟아서 위로 오르다.

**넘어가다**    해나 달이 지다.

**빛나다**    빛이 환하게 비치다.

**돌다**    물체가 원을 그리면서 움직이다.

**띄우다**    물 위나 공중에 있게 하거나 위쪽으로 솟아오르게 하다.

**태양과 별은 각각 어떤 일을 하는지 따라 써 보세요.**

**비추다**        **떠오르다**        **지다**

**반짝이다**        **나타나다**        **쏟아지다**

**지구와 우주의 성질이나 상태를 꾸며 주는 말을 알아봅시다. (형용사)**

| | |
|---|---|
| 궁금하다 | 알고 싶어 마음이 몹시 답답하다. |
| 엄청나다 | 생각보다 정도가 아주 심하다. |
| 별나다 | 특별하거나 이상하다. |
| 거대하다 | 엄청나게 크다. |
| 끝없다 | 끝나는 데가 없거나 막는 것이 없다. |
| 외롭다 | 홀로 되거나 의지할 곳이 없어 쓸쓸하다. |

 **어떤 말이 들어가야 할까요?**

거대　　　외로　　　엄청　　　궁금

• 나는 우주에 무엇이 있는지 무척 _____ 하다.

• 태양의 크기는 지구와 비교하면 _____ 한 차이가 난다.

• 오늘은 하늘에서 _____ 난 양의 별똥별이 떨어진다고 했다.

• 만약에 내가 우주에 혼자 있다면 많이 _____ 울 것 같다.

**한 문장 독해 _** 한 문장으로 된 글을 읽고, 물음에 답하세요.

산 너머로 별똥별 하나가 반짝 빛나더니 곧 사라졌다.

1. 산 너머로 반짝 빛나더니 곧 사라진 것은 무엇인지 쓰세요.

..................................................................

지구는 태양 주변을 돌고, 달은 지구 주변을 돌아요.

2. 지구는 무엇의 주변을 돌고 있나요?

달 / 태양 / 화성

내 꿈은 우주의 신비를 밝히는 과학자가 되는 것이다.

3. 내 꿈은 무엇을 밝히는 과학자가 되는 건가요?

우주의 신비 / 자연의 구조 / 세균의 비밀

## 두 문장 독해 _ 두 문장으로 된 글을 읽고, 물음에 답하세요.

> 1969년 7월 20일에 아폴로 11호는 달 표면에 착륙하였다.
> 우주선의 비행사인 암스트롱은 달에서 지구를 바라보았다.

1. 달에 도착한 우주선의 이름을 쓰세요.

..........................................................................................

> "형, 옛날에는 별자리가 아주 중요했지?"
> "맞아. 옛날 사람들은 밤길을 걸을 때 별자리를 보고 방향을 알았다고 해."

2. 옛날 사람들은 무엇을 보고 방향을 알았나요?

> 별똥별 / 은하수 / 달 / 별자리

> 우리가 '해가 뜬다.'라고 말하는 것은 사실은 잘못된 표현이다.
> 해가 보이게 되는 것은 지구가 스스로 움직이는 자전 때문이다.

3. 해가 보이게 되는 것은 무엇 때문인가요?

> 달이 지구 주변을 돌기 때문에
> 지구가 스스로 움직이는 자전 때문에
> 지구가 태양을 도는 공전 때문에

**세 문장 독해** _ 세 문장으로 된 글을 읽고, 물음에 답하세요.

> 천체 망원경으로 바라본 은하수는 매우 아름다웠다.
> 은하수는 지구에서 보는 '우리 은하'의 모습이다.
> 밤하늘의 '우리 은하'가 마치 은빛 강처럼 보여서 붙은 이름이다.

1. 은하수를 무엇으로 보았나요?

......................................................................................................

2. 은하수는 무엇의 모습인가요?

......................................................................................................

3. 은하수는 '우리 은하'가 마치 무엇처럼 보여서 붙은 이름인가요?

......................................................................................................

## 모양을 흉내 내는 말 (의태어)

• 밤하늘에 별들이 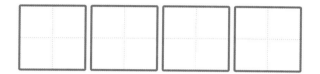 빛나요.

⬚ ⬚ ⬚ ⬚

**반짝반짝 :** 작은 빛이 잠깐 잇따라 나타났다가 사라지는 모양

• 하늘에 솜사탕 같은 구름이  떠 있어요.

⬚ ⬚ ⬚ ⬚

**뭉게뭉게 :** 연기나 구름이 크게 둥근 모양을 이루면서 잇따라 나오는 모양

• 별똥별이 눈 깜박하는 사이  지나갔다.

⬚

**쓱 :** 빨리 지나가는 모양

• 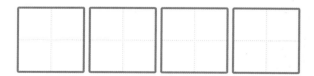 타오르는 태양이 한여름임을 알려 줘요.

⬚ ⬚ ⬚ ⬚

**이글이글 :** 불에서 잇따라 불꽃이 피어오르는 모양

**지구와 우주** _ 관계있는 속담

하늘이 무너져도 솟아날 구멍이 있다.

아무리 어려운 일도 벗어날 방법은 있다는 뜻이에요.

하늘이 무너져도
솟아날 구멍이 있다잖아.
방법을 생각해 보자.

하늘의 별 따기

어떤 것을 얻거나 이루기가 매우 어렵다는 말이에요.

인기 많은 영희와
짝이 되는 건
하늘의 별 따기야!

**지구와 우주** _ 관계있는 습관적으로 쓰는 말 (관용어)

하늘과 땅

둘 사이에 큰 차이나 거리

엄마, 아빠의 키는
하늘과 땅처럼 차이가 난다.

떠오르는 별

새롭게 등장하여 능력을 보이는 사람

오늘 퀴즈 시간에
떠오르는 별은
바로 나야!

**여러 가지 뜻을 가진 낱말 (다의어)**

**1 넓다**

공간을 차지하는
면의 크기가 크다.

**2 넓다**

내용이나 범위가
널리 미치다.

**3 넓다**

마음 쓰는 것이
크고 너그럽다.

● **어떤 '넓다'인지 번호를 써 보세요.**

책을 많이 읽은 형은 넓고 깊은 지식을 가지고 있다.

언니는 마음이 넓어서 무엇이든지 나에게 양보한다.

넓고 푸른 바다를 보니 가슴이 탁 트인다.

## 감탄문을 만들어 보세요. (문법-종결형 문장)

> **감탄문**은 감정, 생각, 느낌을 강하게 표현하는 문장이에요. 놀라움, 화남, 기쁨, 큰 소리로 외치는 것, 강조하고 싶은 것 등을 나타낼 때 쓰고 문장 부호는 느낌표( ! )를 써요.

"소원이 이루어진다는 별똥별을 드디어 ( 봤어! / 봤다. )"

➔

................................................................................

"밤하늘의 은하수가 참 ( 신비롭지? / 신비롭구나! )"

➔

................................................................................

"우주는 우리의 상상을 뛰어넘을 만큼 굉장히 ( 넓어! / 넓다. )"

➔

................................................................................

"블랙홀은 빛조차 빠져나갈 수 없다니 정말 ( 신기하지? / 신기해! )"

➔

................................................................................

다음 글을 읽고, 물음에 답하세요.

**옥황상제**님의 딸 직녀는 하늘을 장식하는 옷감을 만들었어요.

사람들은 직녀 덕분에 빛나는 달님과 고운 별님을 볼 수 있었지요.

그러던 어느 날 직녀는 소를 키우는 가난한 청년 견우와 사랑에 빠졌고, 하늘 옷감 만드는 일을 게을리했어요.

밤하늘은 온통 캄캄했고 옥황상제님은 화가 났어요.

"견우는 은하수 너머에서 소를 키우고, 직녀는 여기서 하늘 옷감을 짜거라. 각자의 일을 열심히 하면 일 년에 한 번 은하수에서 만나게 해 주마!"

견우와 직녀는 눈물을 펑펑 흘리며 헤어졌어요.

**옥황상제** : 옛날에 일부 사람들이 '하느님'을 이르는 말이에요.

**직녀가 하는 일은 무엇인가요?**

① 하늘을 장식하는 옷감을 만드는 일

② 소를 키우는 일

③ 밤하늘을 캄캄하게 하는 일

④ 예쁜 옷을 만드는 일

 **견우와 직녀가 다시 만나려면 어떻게 해야 하나요?**

① 사랑에 빠져 자기 일을 게을리해요.

② 눈물을 펑펑 흘려야 해요.

③ 각자의 일을 열심히 해야 해요.

④ 옥황상제님을 화나게 해요.

 **견우와 직녀는 5년 동안 몇 번을 만날 수 있을까요?**

각자의 일을 열심히 하면 일 년에 한 번 은하수에서 만나게 해 주마!

1년에 한 번 + 1년에 한 번 + 1년에 한 번 + 1년에 한 번 + 1년에 한 번

1 + 1 + 1 + 1 + 1 =　　　　　　번

다음 글을 읽고, 물음에 답하세요.

여러분, 오늘은 우리가 사는 지구에 관해 이야기해 볼까요?

지구는 태양에서 너무 멀지도, 너무 가깝지도 않아서 생명이 살기에 적당한 온도입니다.

그 덕분에 물도 **액체**의 상태로 존재하죠.

만약 태양과 좀 더 가까웠다면 지구에 있는 물은 펄펄 끓어 버렸을 것이고, 좀 더 멀었다면 꽝꽝 얼어 버렸을 거예요.

그리고 암석으로 이루어져 있고, 산소가 있으며, 기온도 적당합니다.

온 우주를 뒤지더라도 이렇게 생명이 살기 좋은 조건을 갖춘 곳은 없다고 해요.

**액체** : 물, 우유, 주스처럼 일정한 부피가 있는데 일정한 모양은 없는 물질을 말해요.

**지구에 대한 설명인 것은 무엇인가요?**

① 물은 펄펄 끓고 있어요.

② 얼음으로 이루어져 있어요.

③ 생명이 살기에 적당한 온도예요.

④ 산소가 부족해요.

 **지구가 생명이 살기 좋은 조건인 이유가 <u>아닌</u> 것은 무엇인가요?**

① 암석으로 이루어져 있어요.　② 산소가 있어요.

③ 기온이 적당해요.　④ 바다가 없어요.

 **맞는 설명에 동그라미 하세요.**

> 만약 태양과 좀 더 가까웠다면 지구에 있는 물은 펄펄 끓어 버렸을 것이고, 좀 더 멀었다면 꽝꽝 얼어 버렸을 테니까요.

● 지구가 태양과 더 가까웠다면 물은 ( 끓어 버렸을 것이다. / 얼어 버렸을 것이다. )

● 지구가 태양과 더 멀었다면 물은 ( 끓어 버렸을 것이다. / 얼어 버렸을 것이다. )

● 지구보다 태양과 더 ( 먼 / 가까운 ) 곳에 있는 별의 물은 끓고 있을 것이다.

● 지구보다 태양과 더 ( 먼 / 가까운 ) 곳에 있는 별의 물은 얼어 버렸을 것이다.

공(空)    비다를 뜻하고
공이라고 읽어요.

 **다음 낱말을 큰 소리로 읽어 보세요.**

공중    창공    공항

공기    공책

이 글자는 흙을 다져 구멍을 만든 모양이에요.

| 모양 | 뜻 | 소리 |
|---|---|---|
| 空 | 비다. | 공 |

쓰는 순서와 쓰기

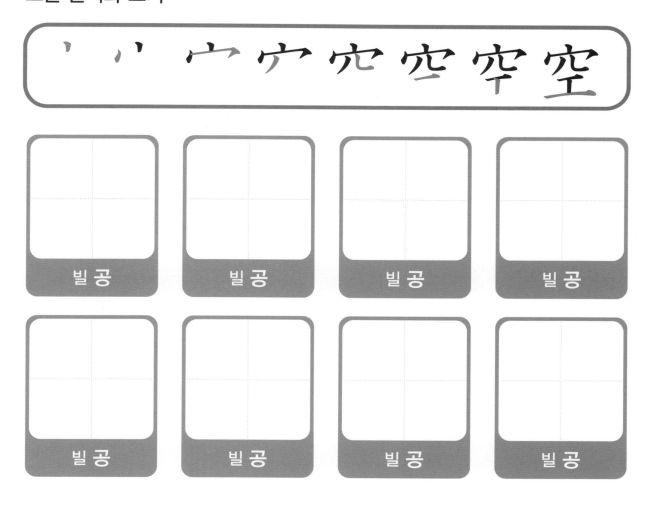

빌공　　빌공　　빌공　　빌공

빌공　　빌공　　빌공　　빌공

낱말에 공(空)이 숨어 있으면, 그 낱말에는 '비다.'의 뜻이 들어 있어요.

낱말에 똑같이 들어 있는 글자에 동그라미 하세요.

낱말에 숨어 있는 같은 한자에 동그라미 하세요.

공중

空중
하늘과 땅 사이의 빈 곳

창공

창空
맑고 푸른 하늘

공항

空항
비행기들이 뜨고 내리고 머물 수 있도록
여러 가지 시설을 갖추어 놓은 곳

공기

空기
지구를 둘러싼 대기를 구성하고 색과
냄새가 없는 투명한 기체

공책

空책
글씨를 쓰거나 그림을 그리도록 빈 종이로
매어 놓은 책

공통 글자는 무엇인지 써 보세요.

공통 한자는 무엇인지 써 보세요.

공

**빌 공(空)이 숨어 있는 낱말에 동그라미 하고 써 보세요. (5개)**

내 꿈은 구름을 타고 공중을 날고 싶어서 비행기 조종사로 정했다. 구름 대신 비행기를 타고 창공을 나는 것은 가능하기 때문이다. 가끔 공항에 가서 공기를 가르며 날아오르는 비행기를 보고 공책에 나의 미래를 그리는 게 취미이다.

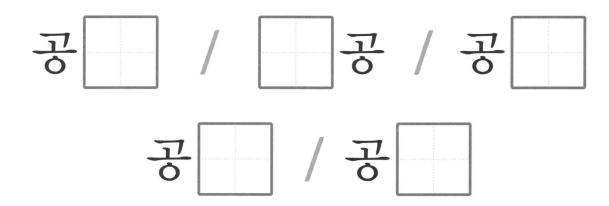

공[ ][ ]  /  [ ]공  /  공[ ]

공[ ]  /  공[ ]

## 기본 낱말 다시 배우기 (명사)

  지구 밖의 공간과 끝없는 시간

## 움직임을 나타내는 말 (동사)

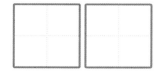 빛이 환하게 비치다.

## 성질이나 상태를 꾸며 주는 말 (형용사)

나는 우주에 무엇이 있는지 무척  하다.

궁금하다 : 알고 싶어 마음이 몹시 답답하다.

## 모양을 흉내 내는 말 (의태어)

하늘에 솜사탕 같은 구름이  떠 있어요.

뭉게뭉게 : 연기나 구름이 크게 둥근 모양을 이루면서 잇따라 나오는 모양

## 속담

하늘의 ⬤ 따기 ➜ 어떤 것을 얻거나 이루기가 매우 어렵다는 말이에요.

인기 많은 영희와 짝이 되는 건 하늘의 ⬤ 따기야!

## 습관적으로 쓰는 말 (관용어)

⬤ ⬤ 과 땅 ➜ 둘 사이에 큰 차이나 거리

엄마, 아빠의 키는 ⬤ ⬤ 과 땅처럼 차이가 난다.

## 여러 가지 뜻을 가진 낱말 (다의어)

넓고 푸른 바다를 보니
가슴이 탁 트인다.

- 공간을 차지하는 면의 크기가 크다.
- 내용이나 범위가 널리 미치다.
- 마음 쓰는 것이 크고 너그럽다.

## 감탄문을 만들어 보세요. (문법-종결형 문장)

"우주는 우리의 상상을 뛰어넘을 만큼 굉장히 ( 넓어! / 넓다. )"

➜ ⋯⋯⋯⋯⋯⋯⋯⋯⋯⋯⋯⋯⋯⋯⋯⋯⋯⋯⋯⋯⋯⋯⋯⋯⋯

## 오늘 한자

공(空) : 비다를 뜻하고 공이라고 읽어요.　　空 ☐ ☐

# 2주

## 한눈에 보는
## 과학과 물질

| | |
|---|---|
| 과학 과학자 실험 실험실 발명 발명가 | |
| 개발 관찰 기술 로봇 물질 연구 연구소 | |

**과학**  원리나 진리, 법칙의 발견을 목적으로 하는 지식이나 학문

**실험**  과학에서 관찰하고 재는 것

**관찰**  주의하여 자세히 살펴봄

**기술**  과학 이론을 생활에 적용하여 편리하게 사용하도록 하는 것

**물질**  겉모양을 가지고 있는 물건의 본바탕이 되는 것

**연구**  깊이 있게 조사하고 생각하여 따져 보는 일

**과학과 물질을 나타내는 말을 알아봅시다. (동사)**

| | | | | |
|---|---|---|---|---|
| 섞다 | 놀라다 | 일으키다 | 터지다 | 망설이다 |
| 막다 | 지우다 | 풀다 | 망치다 | 따르다 |

**섞다**    두 가지 이상의 것을 합치다.

**일으키다**    만들어 내다.

**망설이다**    이리저리 생각만 하고 결정하지 못하다.

**막다**    병의 입구를 통하지 못하게 하다.

**망치다**    잘못하여 못 쓰게 만들다.

**따르다**    그릇을 기울여 안에 들어 있는 액체를 밖으로 조금씩 흐르게 하다.

 **실험과 발명은 각각 어떤 일을 하는지 따라 써 보세요.**

**섞다**

**막다**

**따르다**

**놀라다**

**일으키다**

**망치다**

**과학과 물질의 성질이나 상태를 꾸며 주는 말을 알아봅시다. (형용사)**

| | |
|---|---|
| 진하다 | 액체가 묽지 않고 짙다. |
| 연하다 | 액체가 묽고 흐리다. |
| 엉뚱하다 | 대부분의 사람들이 생각하는 것과 전혀 다르다. |
| 정확하다 | 바르고 확실하다. |
| 희한하다 | 매우 드물거나 신기하다. |
| 날카롭다 | 생각하는 힘이 빠르고 정확하다. |

 **어떤 말이 들어가야 할까요?**

날카로　　　엉뚱　　　희한　　　정확

• 민수는 　　　　　　　　운 관찰력을 가지고 있다.

• "이건 처음 보는 　　　　　　　한 실험 도구네."

• "실험은 항상 　　　　　　　하게 해야 해."

• 　　　　　　　한 생각이라도 발명으로 이어질 수 있다.

**한 문장 독해** _ 한 문장으로 된 글을 읽고, 물음에 답하세요.

어떤 물질은 두 가지를 섞었을 때 폭발을 일으키거나 터지기도 한다.

1. 어떤 물질 두 가지를 섞었을 때 일어나는 일을 쓰세요.

....................................................................................................

약의 효과를 증명하기 위해서는 과학적인 실험이 필요하다.

2. 약의 효과를 증명하기 위해서는 무엇이 필요한가요?

재미있는 상상 / 과학적인 실험 / 정확한 검색

과학자들은 새로운 기술 개발과 미래 에너지 연구를 위해 끊임없이 노력한다.

미래 에너지 : 미래에 현재의 에너지를 대체할 수 있는 에너지

3. 과학자들은 새로운 기술 개발과 미래 에너지 연구를 위해 어떻게 하나요?

노력하지 않는다. / 끊임없이 노력한다. / 대충 연구한다.

**두 문장 독해** _ 두 문장으로 된 글을 읽고, 물음에 답하세요.

> 형은 농업 연구소에서 일한다.
> 그곳은 보통 옥수수보다 다섯 배나 큰 옥수수를 개발한 연구소이다.

개발 : 새로운 물건을 만드는 것

1. 형은 어디에서 일하는지 쓰세요.

. . . . . . . . . . . . . . . . . . . . . . . . . . . . . . . . . . . . . . . . . . . . . . . . . . . . . . . .

> "아빠, 아주 작은 물체를 보려면 어떻게 해야 해요?"
> "응. 현미경을 이용하면 눈으로 관찰되지 않는 것도 정확하게 볼 수 있단다."

2. 아주 작은 물체를 정확하게 볼 때 사용하는 것은 무엇인가요?

> 망원경 / 쌍안경 / 현미경 / 카메라

> 새 실험실에는 여러 가지 실험 기구와 약병들이 있다.
> 그리고 혹시라도 불이 났을 때 바로 불을 끌 수 있도록 방화수도 마련해 두었다.

방화수 : 불이 났을 때 끌 수 있도록 준비한 물

3. 실험실의 방화수는 언제 필요한가요?

> 불이 났을 때
> 실험을 시작할 때
> 실험 도구를 씻을 때

**세 문장 독해** _ 세 문장으로 된 글을 읽고, 물음에 답하세요.

서울의 한 햄버거 가게에는 로봇 '알파 그릴'이 있다.
알파 그릴은 1분 만에 햄버거 안의 고기 패티를 구워 냈다.
비용도 적게 들면서 요리 시간도 줄여 주는 요리 로봇이 곳곳에 생기고 있다.

1. 햄버거 가게의 로봇 이름은 무엇인가요?

2. 알파 그릴은 얼마 만에 고기 패티를 구웠나요?

3. 비용도 적게 들면서 요리 시간도 줄여 주는 것은 무엇인가요?

## 소리를 흉내 내는 말 (의성어)

- 오래전에 흙으로 만든 그릇이  부서졌다.

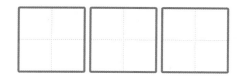

바사삭 : 보송보송한 물건이 가볍게 바스러지거나 깨지는 소리

- 용액이 갑자기 부글부글 끓어올랐다.

부글부글 : 많은 양의 액체가 시끄럽게 연속해서 끓는 소리

- 연구실 안에서는 기계 돌아가는 소리만 났어요.

덜컹덜컹 : 크고 단단한 물건이 자꾸 부딪쳐 울리는 소리

- 친구들과 여러 실험 도구를 거리며 실험했다.

달그락 : 작고 단단한 물건이 부딪쳐 흔들리면서 닿는 소리

무쇠도 갈면 바늘 된다.

노력하면 어떤 어려운 일이라도 이룰 수 있다는 뜻이에요.

무쇠 : 단단한 철

나는 꾸준히 운동해서
무쇠도 갈면 바늘이 된다는 걸
보여 주었다.

나무 뚝배기 쇠 양푼 될까.

타고난 대로 되는 것을 말해요.

뚝배기 : 찌개나 탕을 끓일 때 쓰는 흙을 구워 만든 그릇
양푼 : 음식을 담거나 데우는 데 쓰는 구리 그릇

나무 뚝배기가
쇠 양푼이 되겠어?
은반지를 아무리 문질러도
금반지가 되지는 않아.

**과학과 물질** _ 관계있는 습관적으로 쓰는 말 (관용어)

불꽃이 튀다.

사납고 세차게 겨루다.

오늘 시합은
정말 불꽃이 튀는구나!

깨소금 맛

남이 잘못되는 것을 재미있다는 듯 말하는 것

그렇게 심술부리더니
깨소금 맛이다!

 **외래어**

  **로봇** robot : 인간과 비슷한 형태를 가지고 걷기도 하고 말도 하는 기계 장치

  **스위치** switch : 전기 기구를 손으로 올리고 내리거나 누르거나 틀어서 작동하는 부분

  **알코올 램프** alcohol lamp : 실험에서 쓰는 알코올을 연료로 하는 열을 주는 장치

- **외래어를 바르게 써 보세요.**

나는 메일을 보내기 위해 컴퓨터의                          를 켰다.

사람이 하면 위험한 일을                          이 대신 해 주기도 한다.

                          가 쓰러지면 불이 날 수도 있으니 조심해야 한다.

46

## '안'을 사용하여 밑줄 친 부분을 고쳐 써 보세요. (문법-부정 표현)

> **안 부정문**은 할 수 있지만, 자신의 판단으로 하지 않을 때 사용하는 부정 표현이에요.
>
> ➜ "형, 오늘은 야구 연습 안 해?"

과학 실험실에서는 위험하니까 장난을 치면 <u>된다.</u>

➜

⋯⋯⋯⋯⋯⋯⋯⋯⋯⋯⋯⋯⋯⋯⋯⋯⋯⋯⋯⋯⋯⋯⋯⋯

연구는 내 마음대로 하면 <u>돼요.</u>

➜

⋯⋯⋯⋯⋯⋯⋯⋯⋯⋯⋯⋯⋯⋯⋯⋯⋯⋯⋯⋯⋯⋯⋯⋯

실험 물질을 손으로 직접 만지면 <u>돼요.</u>

➜

⋯⋯⋯⋯⋯⋯⋯⋯⋯⋯⋯⋯⋯⋯⋯⋯⋯⋯⋯⋯⋯⋯⋯⋯

망원경으로 태양을 직접 보면 <u>됩니다.</u>

➜

⋯⋯⋯⋯⋯⋯⋯⋯⋯⋯⋯⋯⋯⋯⋯⋯⋯⋯⋯⋯⋯⋯⋯⋯

**다음 글을 읽고, 물음에 답하세요.**

‘흐흐흐. 위험하긴 하지만 이 재미있는 실험을 멈출 수가 없구나!’

존경받는 ‘지킬’ 박사님에게는 비밀이 하나 있어요.

다른 사람으로 변신하는 마법의 약을 만들기 위한 실험을 거듭했고, 드디어 성공한 것이었지요.

그리고 매일 밤 자기가 만든 이 약을 먹고 괴물 ‘하이드’로 변신했어요.

마법의 약은 겉모습은 물론 마음까지도 변신시키는 약이었어요.

점잖고 친절한 ‘지킬’ 박사님은 약을 먹으면, 험상궂은 얼굴에 욕심과 심술이 가득한 마음을 가진 괴물 ‘하이드’가 되었어요.

'지킬' 박사님의 비밀은 무엇인가요?

① 모든 과학 실험이 재미있어요.

② 과학 실험은 멈출 수가 없어요.

③ 마법의 약을 먹고 점잖고 친절해졌어요.

④ 마법의 약을 먹고 괴물로 변신해요.

2주

4일

 괴물 '하이드'에 대한 설명이 <u>아닌</u> 것은 무엇인가요?

① 험상궂은 얼굴                    ② 욕심 가득한 마음

③ 친절한 마음                      ④ 심술 가득한 마음

 '모양이나 상태가 매우 거칠고 험하다.'라는 뜻으로 괴물 '하이드'로 변한 얼굴을 어떻게 나타냈나요?

점잖고 친절한 '지킬' 박사님은 약을 먹으면, ●●●은 얼굴에 욕심과 심술이 가득한 마음을 가진 괴물 '하이드'가 되었어요.

☐ ☐ ☐ 다.

## 한 문단 독해 2 (지식글)

다음 글을 읽고, 물음에 답하세요.

---

-봉지 뜯는 소리-

**철 가루** : 산소야, 같이 손잡고 뛰자.

**산소** : 응. 그래야 철수의 손난로가 따뜻해지지.

**철 가루** : 그런데 염화 나트륨이 응원해 줘야 우리가 더 빨리 힘이 나는데 말이야.

**염화 나트륨** : (헐레벌떡 뛰어 들어온다) 헉헉. 나도 왔어. 힘내라! 힘내라!

**박사님** : 손난로의 포장을 뜯고 흔들어서 가루가 잘 섞이면 따뜻해지는 원리는, 바로 **산화**입니다.

즉 철 가루가 공기 중의 산소와 합쳐져서 산화하면 열이 발생하게 되고, 염화 나트륨이 따뜻해지는 속도를 빠르게 해 주면, 순식간에 손난로의 온도는 30**도**~60도가 더 올라갑니다.

---

**산화** : 어떤 물질이 산소와 합쳐지는 일을 말해요.

**도** : 온도의 단위를 말해요.

50

**1** 손난로가 따뜻해지는 원리는 무엇인가요?

① 산소 ② 산화

③ 수소 ④ 발생

 **2** 손난로를 따뜻하게 만들려면 어떻게 해야 하나요?

① 포장을 뜯고 흔들어요.

② 포장을 뜯지 않고 흔들어요.

③ 흔들지 않고 가만히 두어야 해요.

④ 뜨거운 물에 넣어요.

 **3** 포장을 뜯기 전 손난로의 표면 온도가 10도라면, 포장을 뜯고 흔들었을 때는 몇 도에서 몇 도까지 올라갈까요?

> 염화 나트륨이 따뜻해지는 속도를 빠르게 해 주면, 순식간에 손난로의 온도는 30도~60도가 더 올라갑니다.

10도 + 30도 ~ 10도 + 60도

10 + 30 ~ 10 + 60 = ⬜도 ~ ⬜도

# 重

중(重)  무겁다를 뜻하고
중이라고 읽어요.

 **다음 낱말을 큰 소리로 읽어 보세요.**

중요  중력  신중

존중  소중

이 글자는 사람이 등에 짐을 지고 있는 모양이에요.

| 모양 | 뜻 | 소리 |
|------|------|------|
| 重 | 무겁다. | 중 |

쓰는 순서와 쓰기

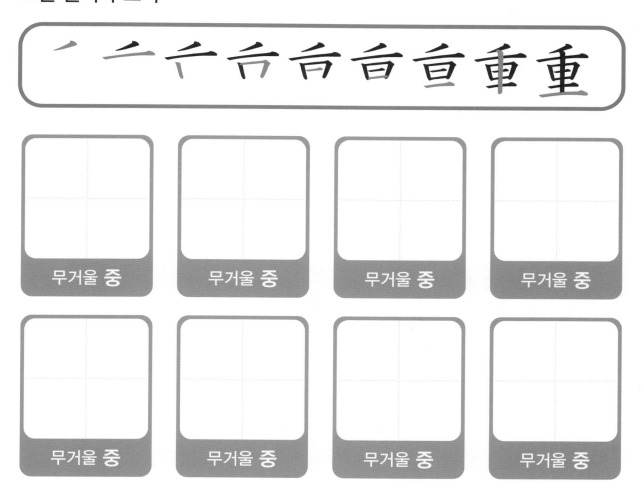

| 무거울 중 | 무거울 중 | 무거울 중 | 무거울 중 |
|------|------|------|------|
| | | | |
| 무거울 중 | 무거울 중 | 무거울 중 | 무거울 중 |

**낱말에 중(重)이 숨어 있으면, 그 낱말에는 '무겁다.'의 뜻이 들어 있어요.**

낱말에 똑같이 들어 있는 글자에
동그라미 하세요.

낱말에 숨어 있는 같은 한자에
동그라미 하세요.

중요

重요
꼭 필요함

중력

重력
지구 위의 물체가 지구로부터 받는 힘

신중

신重
매우 조심스러움

존중

존重
높여서 귀하게 대함

소중

소重
매우 귀하고 중요함

공통 글자는 무엇인지 써 보세요.

공통 한자는 무엇인지 써 보세요.

**무거울 중(重)이 숨어 있는 낱말에 동그라미 하고 써 보세요. (5개)**

2주
5일

자연에 존재하는 중요한 힘인 중력에 관한 실험을 했다. 우리 모둠은 신중하게 생각한 끝에 수레와 추를 이용한 실험을 하기로 했다. 서로 존중하고 작은 의견도 소중하게 생각하면서 진행하니 실험이 훨씬 재밌었다.

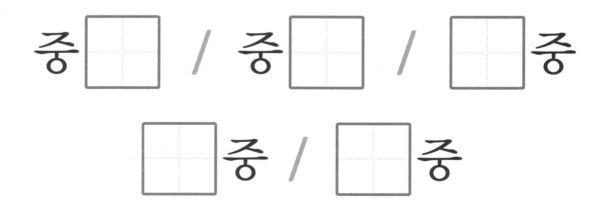

중[ ] / 중[ ] / [ ]중

[ ]중 / [ ]중

## 기본 낱말 다시 배우기 (명사)

 **학**    원리나 진리, 법칙의 발견을 목적으로 하는 지식이나 학문

## 움직임을 나타내는 말 (동사)

 **일**   **키**   **다**    만들어 내다.

## 성질이나 상태를 꾸며 주는 말 (형용사)

"실험은 항상  하게 해야 해."

| | |
|---|---|
| | |

정확하다 : 바르고 확실하다.

## 소리를 흉내 내는 말 (의성어)

용액이 갑자기   끓어올랐다.

| | | | |
|---|---|---|---|
| | | | |

부글부글 : 많은 양의 액체가 시끄럽게 연속해서 끓는 소리

## 속담

무쇠도 갈면 ⬤ ⬤ 된다. ➜ 노력하면 어떤 어려운 일이라도 이룰 수 있다는 뜻이에요.

나는 꾸준히 운동해서 무쇠도 갈면 ⬤ ⬤ 이 된다는 걸 보여 주었다.

## 습관적으로 쓰는 말 (관용어)

⬤ ⬤ 이 튀다. ➜ 사납고 세차게 겨루다.

오늘 시합은 정말 ⬤ ⬤ 이 튀는구나!

## 외래어

나는 메일을 보내기 위해 컴퓨터의 로봇 스위치 알코올램프 를 켰다.

## '안'을 사용하여 밑줄 친 부분을 고쳐 써 보세요. (문법-부정 표현)

과학 실험실에서는 위험하니까 장난을 치면 <u>된다</u>.

➜ . . . . . . . . . . . . . . . . . . . . . . . . . . . . . . . . . . . . . . . . . . . . . . . . . . .

## 오늘 한자

중(重) : **무겁다**를 뜻하고 **중**이라고 읽어요.

| 重 | | |
|---|---|---|

# 3주

## 한눈에 보는
## 불과 물

불  열  빛  고온  화상  화재

연기  불씨  불꽃  재  물  수증기

액체  기체  증발  생수  수도  얼음

**불**  물질이 높은 온도로 빛과 열을 내면서 타는 것

**불꽃**  타는 불에서 일어나는 붉은빛을 띤 기운

**재**  불에 타고 남는 가루 모양의 물질

**물**  순수한 것은 빛깔, 냄새, 맛이 없고 투명하며 강, 호수, 바다, 지하수와 같은 액체

**수증기**  기체 상태로 되어 있는 물

**얼음**  물이 얼어서 굳어진 물질

**불과 물을 나타내는 말을 알아봅시다.** (동사)

| 타다 | 데다 | 끓다 | 휩쓸다 | 익다 |
|------|------|------|--------|------|
| 쏟다 | 붓다 | 틀다 | 잠그다 | 물러서다 |

**타다** 불이 붙어 번지거나 불꽃이 일어나다.

**데다** 불이나 뜨거운 기운으로 살이 상하다.

**끓다** 액체가 몹시 뜨거워져서 소리를 내면서 거품이 솟아오르다.

**익다** 날것이 뜨거운 열을 받아 그 성질과 맛이 달라지다.

**틀다** 나사나 수도꼭지 같은 것을 돌리다.

**잠그다** 물이나 가스가 흘러나오지 않도록 막다.

**불과 물은 각각 어떤 일을 하는지 따라 써 보세요.**

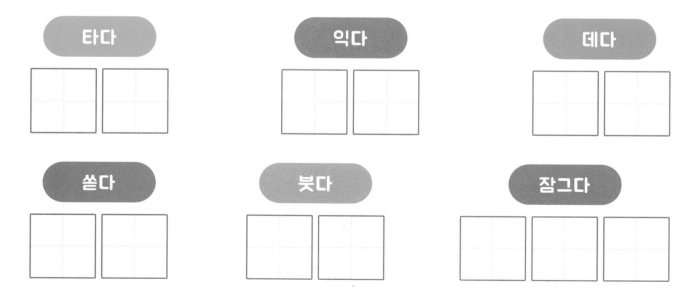

타다

익다

데다

쏟다

붓다

잠그다

**불과 물의 성질이나 상태를 꾸며 주는 말을 알아봅시다. (형용사)**

| | |
|---|---|
| **뜨겁다** | 아플 정도로 온도가 높다. |
| **차갑다** | 만지면 서늘하고 매우 찬 느낌이 있다. |
| **어이없다** | 일이 너무 뜻밖이어서 놀랍고 좋지 않다. |
| **틀림없다** | 조금도 벗어나는 일이 없다. |
| **위험하다** | 해로움이 생길 수 있다. |
| **안전하다** | 위험이 생기거나 사고가 날 걱정이 없다. |

3주
1일

 **어떤 말이 들어가야 할까요?**

| 차가 | 위험 | 뜨거 | 안전 |
|---|---|---|---|

- 나는 　　　　　　　 운 차를 호호 불어 마셨다.

- "거기는 바닥이 얼어서 　　　　　　　 해."

- "계곡물이 너무 　　　　　　　 워서 몸이 떨려."

- 불을 쓰는 요리 시간에는 　　　　　　　 하게 주의해야 한다.

**한 문장 독해 _** 한 문장으로 된 글을 읽고, 물음에 답하세요.

나는 물 묻은 손을 바지에 쓱쓱 문질러 닦았다.

1. 나는 손에 무엇이 묻었는지 쓰세요.

............................................................................................................

이곳에서는 모닥불을 피우거나 음식을 하는 것이 금지되어 있어요.

모닥불 : 나뭇잎이나 나뭇가지를 모아 놓고 피우는 불

2. 이곳에서 금지된 것은 무엇인가요?

음식을 사 오는 것 / 모닥불을 피우는 것 / 전등불을 키는 것

하늘로 증발한 물은 구름이 되고 들판을 적시는 비로 내린다.

증발 : 액체에서 기체로 변하는 것

3. 물이 구름이 되려면 어떻게 되어야 하나요?

들판을 적신다. / 비로 내린다. / 하늘로 증발한다.

**두 문장 독해** _ 두 문장으로 된 글을 읽고, 물음에 답하세요.

> 나는 어릴 때 뜨거운 물에 데어서 화상을 입었었다.
> 다행히 지금은 데인 곳에 아무 흔적도 없다.

1. 나는 무엇에 데어서 화상을 입었는지 쓰세요.

> "누나. 시장에 화재가 있었대."
> "그래. 얼마나 불이 컸던지 며칠 동안 연기가 끊이지 않았다더라."

화재 : 불로 인한 재난

2. 불이 나서 며칠 동안 끊이지 않았던 것은 무엇인가요?

> 화재 / 큰불 / 연기 / 사람들

> 계속 퍼부은 소나기로 홍수가 났어요.
> 홍수 때문에 넘친 강물이 논밭을 휩쓸어 버렸어요.

3. 넘친 강물 때문에 어떤 일이 일어났나요?

> 소나기가 그쳤어요.
> 강물이 말랐어요.
> 논밭을 휩쓸어 버렸어요.

**세 문장 독해** _ 세 문장으로 된 글을 읽고, 물음에 답하세요.

> 겨울에는 특히 작은 불도 조심해야 합니다.
> 무심코 버린 담뱃불이나 아이들의 불장난이 큰 화재로 이어질 수 있습니다.
> 건조하고 바람이 부는 날씨에는 불꽃이 빠르게 퍼지기 때문입니다.

1. 작은 불도 조심해야 하는 계절은 언제인가요?

........................................................................

2. 큰 화재로 이어질 수 있는 것은 무엇인가요?

........................................................................

3. 어떤 날씨에 불꽃이 쉽게 퍼지나요?

........................................................................

## 소리를 흉내 내는 말 (의성어)

• 욕조에 물이 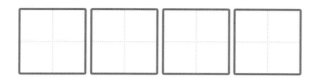 할 정도로 가득 찼어요.

|  |  |  |  |
|---|---|---|---|
|  |  |  |  |

**찰랑찰랑** : 가득 찬 액체가 자꾸 넘칠 듯 흔들리는 소리

• 발을 헛디디는 바람에 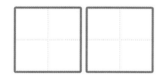 연못에 빠졌어요.

|  |  |
|---|---|
|  |  |

**첨벙** : 물체가 갑자기 물속에 떨어져 잠길 때 나는 소리

• 모닥불이 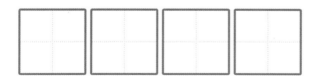 타는 소리가 따뜻하게 느껴져요.

|  |  |  |  |
|---|---|---|---|
|  |  |  |  |

**타닥타닥** : 부딪치거나 튀거나 타는 소리

• 장작불에서 갑자기 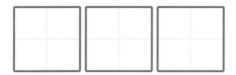 불꽃이 튀어 올랐다.

|  |  |  |
|---|---|---|
|  |  |  |

**후드득** : 나뭇가지나 마른풀, 낙엽이 타들어 가는 소리

**불과 물** _ 관계있는 속담

바람 앞의 등불

언제 꺼질지 모르는 바람 앞의 등불처럼 위태로운 상황을 말해요.

저 강아지,
바람 앞의 등불처럼
위태로워!

깊고 얕은 물은 건너 보아야 안다.

사람은 서로 오래 겪어 봐야 알 수 있다는 뜻이에요.

무뚝뚝한 철수는
알고 보니 참 친절하더라.
역시 깊고 얕은 물은
건너 보아야 안다니까.

**불과 물** _ 관계있는 습관적으로 쓰는 말 (관용어)

급한 불을 끄다.

급한 문제를 해결하다.

배고팠는데
간식 덕분에 급한 불은 껐어.
저녁 시간은
언제 오는 거야!

찬물을 끼얹다.

잘되어 가고 있는 일에 분위기를 흐리거나 트집을 잡다.

내 생일 파티에
삼촌이 썰렁한 말로
찬물을 끼얹었다.

**글자만 같은 서로 다른 낱말 (동형어)**

**1 김**

액체가
열을 받아서
기체로 변한 것

**2 김**

바다에 사는
해조류

**3 김**

어떤 일의
기회나 원인

● **어떤 '김'인지 번호를 써 보세요.**

밥솥에서 김이 나는 걸 보니 밥이 다 되어 간다.

배가 고프니 김에 밥만 싸 먹어도 맛있구나.

나는 마음먹은 김에 30분 더 공부했다.

70

**피동 표현과 사동 표현을 사용하여 문장을 완성해 보세요.** (문법-피동과 사동)

> **피동**은 다른 사람이나 사물에 의해서 움직이는 것을 말해요.
> ➜ **상자의 끈이** 풀어졌다.
>
> **사동**은 직접 하는 것이 아니라, 다른 사람이나 사물에 어떤 동작을 하게 하는 것을 말해요.
> ➜ **경찰은 그 자동차를** 정지시켰다.

태워요　　얼렸어요　　일어나게 해요　　끓여요

주전자에 물이 끓어요.

➜ 형이 주전자에 물을 　　　　　　　　　　.

별 모양으로 얼음이 얼었어요.

➜ 나는 별 모양으로 얼음을 　　　　　　　　　.

알코올램프에 불꽃이 일어요.

➜ 선생님께서 알코올램프에 불꽃이 　　　　　　　　.

참나무로 만든 숯이 타요.

➜ 할아버지께서 참나무로 만든 숯을 　　　　　　　.

**한 문단 독해 1 (우화, 동화)**

다음 글을 읽고, 물음에 답하세요.

신들의 왕 제우스와 신들의 여왕 헤라의 아들 헤파이스토스는 그리스 로마 신화에서 불의 신으로 알려져 있으며, 기술의 신이기도 해요.

불의 신으로서는 메마른 땅을 다스리고, 지진과 화산 폭발처럼 불과 관련된 **자연재해**를 관리했어요.

기술의 신으로서는 인간들에게 기술과 지혜를 전했지요.

신화에 따르면 신들이 사는 궁전, 장신구, 무기와 갑옷은 모두 그의 작품이며, 이런 그의 가르침을 따라 사람들은 편리한 도구와 강한 무기들, 놀라운 건축물을 만들었다고 해요.

**자연재해** : 태풍, 가뭄, 홍수, 지진, 화산 폭발처럼 피할 수 없는 자연 현상으로 인하여 일어나는 피해를 말해요.

**1** 헤파이스토스가 불의 신으로서 하는 일은 무엇인가요?

① 태양이 뜨고 지는 일을 해요.

② 태풍과 홍수를 관리해요.

③ 눈이 내리고 바람이 불게 해요.

④ 지진과 화산 폭발을 관리해요.

**2** 헤파이스토스에 관한 설명이 <u>아닌</u> 것은 무엇인가요?

① 그리스 로마 신화에 등장해요.

② 제우스와 헤라의 아들이에요.

③ 지식을 나누어 주었어요.

④ 신들이 사는 궁전을 만들었어요.

**3** 헤파이스토스가 기술의 신으로서 하는 일은 무엇인가요?

> 기술의 신으로서는 인간들에게 기술과 지혜를 전했지요. 신화에 따르면 신들이 사는 궁전, 장신구, 무기와 갑옷은 모두 그의 작품이며, 이런 그의 가르침을 따라 사람들은 편리한 도구와 강한 무기들, 놀라운 건축물을 만들었다고 해요.

• 인간들에게        과        를 전했어요.

• 신들이 사는 궁전, 장신구,        와        을 만들었어요.

• 그의 가르침을 따라 사람들은 편리한        를 만들었어요.

다음 글을 읽고, 물음에 답하세요.

---

## 《과학 실험 보고서》

[**주제**] 물로 만든 무지개

[**목적**] 물을 이용해서 밀도의 차이를 알아본다.

[**준비물**] 물, 투명한 컵 5개, 빨강, 노랑, 파랑, 보라 물감, 설탕

[**실험 방법**]

1. 4가지 색깔의 물감과 똑같은 양의 물을 섞어 준다.

2. 설탕을 빨간 물 0g, 노란 물 4g, 파란 물 8g, 보라 물 16g 넣은 후 완전히 녹인다.

3. 설탕을 많이 넣은 색 순서대로 투명한 컵의 벽을 따라 천천히 흘려 넣는다.

4. 물이 서로 섞이지 않고 층층이 쌓이면서, 무지개처럼 보인다.

[**실험 후 알게 된 사실**]

밀도란 일정한 면적에 물질이 빽빽이 차 있는 정도를 뜻하는데, 이 실험에서 알 수 있었다. 농도가 크면 밀도가 커서 무겁고, 농도가 작으면 밀도가 작아서 가볍다. 그래서 농도가 큰 물부터 차례대로 넣으면, 층을 만들며 쌓을 수 있다.

---

이 실험은 무엇을 알아보기 위한 실험인가요?

① 밀도의 차이

② 무지개의 비밀

③ 설탕의 역할

④ 물의 편리함

 이 실험에서 주의해야 할 점이 <u>아닌</u> 것은 무엇인가요?

① 설탕은 완전히 녹여요.

② 설탕을 적게 넣은 색 순서대로 컵에 흘려 넣어요.

③ 물감을 섞는 물의 양은 똑같아요.

④ 컵의 벽을 따라 천천히 흘려 넣어야 해요.

 컵 안의 설탕의 양을 비교하여 보기와 같이 부등호를 표시해 보세요.

> 설탕을 빨간 물 0g, 노란 물 4g, 파란 물 8g, 보라 물 16g 넣은 후 완전히 녹인다.

(설탕이 적게 들어간 물) 노란 물  (설탕이 많이 들어간 물) 보라 물

- 파란 물 ⬤ 노란 물

- 빨간 물 ⬤ 보라 물

- 노란 물 ⬤ 빨간 물

入

입(入)  들다를 뜻하고
**입**이라고 읽어요.

 **다음 낱말을 큰 소리로 읽어 보세요.**

입학  가입  구입

수입  입구

이 글자는 끼워서 맞추기 위해 끝을 뾰족하게 다듬은 모양이에요.

| 모양 | 뜻 | 소리 |
|:---:|:---:|:---:|
| 入 | 들다. | 입 |

쓰는 순서와 쓰기

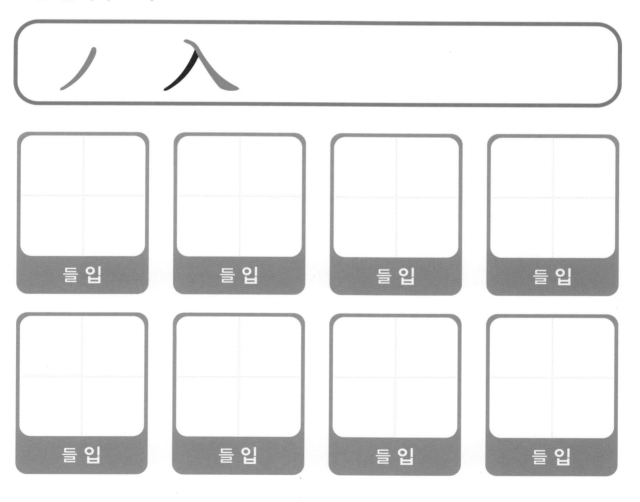

**낱말에 입(入)이 숨어 있으면 그 낱말에는 '들다.'의 뜻이 들어 있어요.**

| 낱말에 똑같이 들어 있는 글자에 동그라미 하세요. | 낱말에 숨어 있는 같은 한자에 동그라미 하세요. |
|---|---|
| 입학 | 入학<br>학생이 되어 공부하기 위해 학교에 들어감 |
| 가입 | 가入<br>원하는 목적을 이루기 위해 여러 사람이 모인 곳에 들어가는 것 |
| 구입 | 구入<br>물건을 사들임 |
| 수입 | 수入<br>다른 나라로부터 물건이나 기술을 우리나라로 사들임 |
| 입구 | 入구<br>들어가는 곳 |

| 공통 글자는 무엇인지 써 보세요. | 공통 한자는 무엇인지 써 보세요. |
|---|---|
|  |  |

**들 입(入)이 숨어 있는 낱말에 동그라미 하고 써 보세요. (5개)**

형은 고등학교에 입학하자마자 과학 동아리에 가입했다. 담당 선생님께서 구입하신 여러 실험 재료와 수입해 온 실험 도구들로 흥미로운 실험을 할 수 있어 신나 했다. 어제는 학교 입구에서 형을 만나 실험실 구경을 갔었다.

입 ☐ / ☐ 입 / ☐ 입

☐ 입 / 입 ☐

## 기본 낱말 다시 배우기 (명사)

**불** ⬤ 타는 불에서 일어나는 붉은빛을 띤 기운

## 움직임을 나타내는 말 (동사)

⬤ **다** 액체가 몹시 뜨거워져서 소리를 내면서 거품이 솟아오르다.

## 성질이나 상태를 꾸며 주는 말 (형용사)

나는 ⬤⬤운 차를 호호 불어 마셨다.

| | |
|---|---|
| | |

뜨겁다 : 아플 정도로 온도가 높다.

## 소리를 흉내 내는 말 (의성어)

모닥불이 ⬤⬤⬤⬤ 타는 소리가 따뜻하게 느껴져요.

| | | | |
|---|---|---|---|
| | | | |

타닥타닥 : 부딪치거나 튀거나 타는 소리

## 속담

바람 앞의  ➔ 언제 꺼질지 모르는 바람 앞의 등불처럼 위태로운 상황을 말해요.

저 강아지, 바람 앞의  처럼 위태로워!

## 습관적으로 쓰는 말 (관용어)

급한 ⬤ 을 끄다. ➔ 급한 문제를 해결하다.

배고팠는데 간식 덕분에 급한 ⬤ 은 껐어. 저녁 시간은 언제 오는 거야!

## 글자만 같은 서로 다른 낱말 (동형어)

밥솥에서 김이 나는 걸 보니
밥이 다 되어 간다. •

- 액체가 열을 받아서 기체로 변한 것
- 바다에 사는 해조류
- 어떤 일의 기회나 원인

## 피동 표현과 사동 표현을 사용하여 문장을 완성해 보세요. (문법-피동과 사동)

주전자에 물이 끓어요.

➔ 형이 주전자에 물을  .

## 오늘 한자

입(入) : **들다**를 뜻하고 **입**이라고 읽어요.

# 4주

한눈에 보는

# 산업과 에너지

# 4주 한눈에 보는 산업과 에너지

| | |
|---|---|
| 산업 농업 건설업 에너지 친환경 에너지 | |
| 태양 에너지 석유 가스 전기 발전소 | |
| 환경 오염 건축 건설 기술자 | |

**산업** 생활을 경제적으로 풍요롭게 하려고 물건을 만들거나 서비스를 하는 일

**에너지** 운동, 위치, 열, 전기처럼 물체가 일을 하는 능력

**태양 에너지** 태양이 만들어 내는 에너지

**발전소** 전기를 일으키는 시설을 갖춘 곳

**환경 오염** 개발로 인한 자연의 파괴와 교통 기관, 공장에서 나오는 오염 물질로 생활 환경이 더럽혀지는 일

**건축** 집, 건물, 다리 같은 것을 흙이나 나무, 돌, 벽돌, 쇠를 사용하여 쌓아 만드는 일

**산업과 에너지을 나타내는 말을 알아봅시다.** (동사)

| | | | | |
|---|---|---|---|---|
| 세우다 | 무너지다 | 끄다 | 켜다 | 나서다 |
| 뚫다 | 갇히다 | 기울이다 | 일깨우다 | 터지다 |

**세우다** 어떤 물체를 땅 위에 서 있게 하다.

**무너지다** 쌓여 있거나 서 있는 것이 허물어져 내려앉다.

**켜다** 전기를 통하게 하여 전기 제품이 작동하게 만들다.

**나서다** 어떠한 일을 적극적으로 시작하다.

**일깨우다** 일러 주거나 가르쳐서 깨닫게 하다.

**터지다** 둘러싸여 막혔던 것이 갈라져서 무너지거나 뚫리거나 찢어지다.

 **전기와 공사는 각각 어떤 일을 하는지 따라 써 보세요.**

**끄다**

**켜다**

**터지다**

**세우다**

**무너지다**

**뚫다**

**산업과 에너지의 성질이나 상태를 꾸며 주는 말을 알아봅시다.** (형용사)

| 강하다 | 물체가 굳고 단단하다. |
|---|---|
| 약하다 | 견디어 내는 힘이 세지 못하다. |
| 바람직하다 | 바랄 만한 가치가 있다. |
| 간단하다 | 복잡하지 않고 단순하다. |
| 심각하다 | 상태가 매우 깊고 중요하다. |
| 마땅하다 | 조건에 어울리게 알맞다. |

 **어떤 말이 들어가야 할까요?**

간단        약        강        심각

• 우리는 환경 오염에 대해서 더 　　　　　　하게 생각해야 한다.

• 벽돌집을 지은 막내 돼지는 　　　　　한 바람에도 끄떡없다.

• 　　　　　한 바람으로도 종이비행기를 날릴 수 있다.

• "수수깡 자동차를 만드는 법은 생각보다 　　　　　하구나!"

**한 문장 독해** _ 한 문장으로 된 글을 읽고, 물음에 답하세요.

우리나라의 통신 산업에서의 기술력은 세계 최고이다.

1. 우리나라의 통신 산업에서의 세계 최고인 것을 쓰세요.

. . . . . . . . . . . . . . . . . . . . . . . . . . . . . . . . . . . . . . . . . . . . . . . . . . . . . . . . . . . . . . . . . . . . . .

형은 아파트를 건설하는 곳에서 일한다.

2. 형이 일하는 곳은 어디인가요?

아파트를 파는 곳 / 아파트를 건설하는 곳 / 아파트를 없애는 곳

없어져 가고 있는 석유 자원을 대신할 에너지의 개발은 전 세계의 숙제이다.

3. 석유 자원은 어떻게 되고 있나요?

만들어지고 있다. / 없어져 가고 있다. / 새로 생기고 있다.

## 두 문장 독해 _ 두 문장으로 된 글을 읽고, 물음에 답하세요.

물건을 만드는 공장이 없어도 많은 사람의 일자리가 생기는 산업이 있다.
그것은 바로 영화 산업과 관광 산업이다.

1. 공장이 없어도 일자리가 생기는 산업을 쓰세요.

"오빠. 오염 물질은 적게 나오고 완전히 없어지지는 않는 에너지원이 있을까?"
"응. 수소가 거기에 딱 맞아서 미래의 친환경 에너지원으로 개발되고 있대."

에너지원 : 에너지를 만드는 기본이 되는 것
수소 : 색, 맛, 냄새가 없으며 매우 잘 타고 물질 중에 가장 가벼운 원소

2. 오염 물질은 적게 나오고 없어지지 않는 에너지원은 무엇인가요?

석유 / 석탄 / 물 / 수소

우리 마을은 가까운 곳의 공장 때문에 환경 오염이 심각하다.
공장의 오염된 물이 논과 밭에 흘러 들어와 식물들이 자라지 않거나
썩기 시작한 것이다.

3. 공장 때문에 어떤 문제가 심각한가요?

환경 오염이 심각하다.
일자리가 없어지고 있다.
인구가 줄어들고 있다.

**세 문장 독해** _ 세 문장으로 된 글을 읽고, 물음에 답하세요.

> 벌집은 육각형 모양으로 이루어져 있습니다.
> 적은 재료로 공간을 빈틈없이 채우면서 단단하게 집을 짓는 좋은 방법입니다.
> 이 방법은 사람들이 집이나 건물을 지을 때도 이용된다고 합니다.

1. 벌집은 무슨 모양인가요?

......................................................................................................................

2. 육각형 모양으로 집을 지을 때의 장점은 무엇인가요?

......................................................................................................................

3. 사람들은 육각형 모양을 어떻게 이용하나요?

......................................................................................................................

**모양을 흉내 내는 말 (의태어)**

- 정전이 되어서 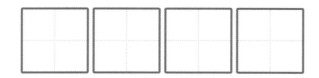 손전등을 찾았어요.

[ ][ ][ ][ ]

**더듬더듬 :** 무엇을 찾거나 알아보려고 손으로 자꾸 이리저리 만지는 모양

- 공장의 기계가 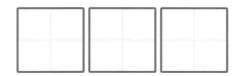거리더니 멈춰 버렸다.

[ ][ ][ ]

**철커덩 :** 크고 단단한 쇠붙이가 자꾸 맞부딪치는 모양

- 여름이 되면 전기 사용량이 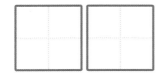 올라가요.

[ ][ ]

**쑥쑥 :** 갑자기 많이 올라가거나 내려가는 모양

- 오래된 공장 안은 먼지만 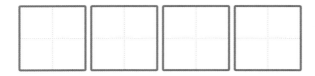 날리고 있었다.

[ ][ ][ ][ ]

**푸슬푸슬 :** 덩이진 가루가 물기가 적어 부스러지는 모양

개미는 작아도 탑을 쌓는다.

힘없는 사람이라도 노력하면 훌륭한 일을 이룰 수 있다는 뜻이에요.

개미는 작아도
탑을 쌓는 것처럼, 매일
꾸준히 걷기만 해도
건강이 좋아질 거야.

공든 탑이 무너지랴.

노력한 일은 반드시 결과가 좋다는 말이에요.

지금까지 열심히 공부했으니,
시험도 잘 볼 거야.
공든 탑은 무너지지 않지.

**산업과 에너지** _ 관계있는 습관적으로 쓰는 말 (관용어)

불을 보듯 뻔하다.

일어날 일이 정확하게 예상이 되다.

그렇게 입고 나가면
추워서 벌벌 떨게
불 보듯 뻔해.

담쌓고 벽 친다.

서로 잘 지내던 사이를 끊고 지내다.

나는 옆집 친구와
담쌓고 벽 친 지 1년째다.

**헷갈리기 쉬운 낱말 (맞춤법)**

  아직 찾지 못했거나 알려지지 않은 사물이나 장소, 일어난 일, 사실을 찾아내는 것

  지금까지 없던 기술이나 물건을 새로 생각하여 만들어 내는 것

 **잘못 쓰기 쉬운 낱말 (맞춤법)**

 곰곰이  깊이 생각하는 모양

곰곰이 ⭕    곰곰히 ❌

- '발견'과 '발명'을 구분해 알맞은 말에 동그라미 해 보세요.

  나는 서랍을 정리하다가 옛날 일기장을 발견 발명 했다.

  내 꿈은 숙제를 대신해 주는 로봇을 발견 발명 하는 거야.

- 바르게 쓴 말에 동그라미 하세요.

  결정하기 전에 한 번 더 곰곰히 곰곰이 생각해 봐.

**뒤죽박죽 섞여 있는 글을 바른 순서로 써 보세요. (문법-어순)**

석탄은 / 일으킵니다. / 환경 오염을 / 심각한

➜ ..........................................................................................................

우리나라뿐만이 아니라 / 문제이다. / 세계 공통의 / 환경 오염은

➜ ..........................................................................................................

원자력 에너지는 / 위험성을 / 친환경 에너지이지만 / 가지고 있어요.

➜ ..........................................................................................................

개발은 / 중요해요. / 지구를 위한 / 매우 / 대체 에너지의

➜ ..........................................................................................................

다음 글을 읽고, 물음에 답하세요.

"막내야, 살려 줘! 내 **갈대** 집이 휙 날아가 버렸어."

"막내야. 둘째 형도 살려 줘. 내 나무 집은 와르르 무너지고 말았단다!"

큰형과 둘째 형은 늑대를 피해 막내 돼지 집으로 도망 왔어요.

"형님들. 걱정하지 마세요. 우리 집은 튼튼하답니다."

막내 돼지는 얼른 벽돌집의 문을 꼭 닫았어요.

막 도착한 늑대는 크게 숨을 '후!' 불었지요.

그런데 막내 돼지의 벽돌집은 꿈쩍도 하지 않았어요.

심지어 손으로 밀고 발로 쾅쾅 쳐도 꿈쩍도 하지 않았지요.

막내 돼지 집에 모인 돼지 삼 형제는 안심했어요.

갈대 : 볏과의 여러해살이풀. 속이 비어 있고 가벼워요.

갈대 집이 날아가 버리는 소리와 나무 집이 무너지는 소리는 무엇인가요?

① 후, 와르르        ② 쾅쾅, 휙

③ 휙, 후        ④ 휙, 와르르

4주
4일

 벽돌집이 튼튼하다는 것을 어떻게 알 수 있나요?

① 늑대가 손으로 밀고 발로 쾅쾅 쳐도 꿈쩍도 하지 않았어요.

② 늑대가 숨을 '후' 불자 날아가 버렸어요.

③ 늑대가 손으로 밀자 무너졌어요.

④ 늑대를 피해 돼지 삼 형제는 멀리 도망갔어요.

 돼지 삼 형제의 집을 비교하여 더 튼튼한 집에 동그라미 해 보세요.

• 첫째 돼지의 갈대 집 / 둘째 돼지의 나무 집

• 셋째 돼지의 벽돌집 / 첫째 돼지의 갈대 집

• 셋째 돼지의 벽돌집 / 둘째 돼지의 나무 집

**다음 글을 읽고, 물음에 답하세요.**

산책 중에 강아지 해피가 나무 아래에서 황금빛 똥을 눴다.

챙겨 온 봉지에 똥을 담아 공원 한쪽에 있는 특수 장치로 갔다.

공원 관리 아저씨께서 줄 서 있는 사람들에게 받은 것을 장치에 넣자, 가로등 하나가 더 켜지며 공원이 더 밝아진다.

버려지는 반려동물의 똥이 공원을 밝히는 에너지원으로 사용된 것이다.

가까이에 이런 공원이 있어 참 다행이다.

이렇게 **친환경 에너지**를 이용할 때 지구가 더 편안해질 것이기 때문이다.

우리 해피, 지구를 위해 줘서 고마워!

**친환경 에너지** : 에너지를 개발하고 이용하는 과정에 환경 오염 물질이 나오지 않거나 거의 나오지 않는 에너지를 말해요.

**공원 관리 아저씨께서 줄 서 있는 사람들에게서 받은 것은 무엇인가요?**

① 음식물 찌꺼기　　　　　② 쓰레기

③ 반려동물의 똥　　　　　④ 재활용품

4주
4일

 **똥을 특수 장치에 넣자 가로등이 켜진 이유는 무엇인가요?**

① 쓰레기통에 잘 버려서

② 에너지원으로 사용되어서

③ 가로등이 켜지는 시간이 되어서

④ 줄 서 있는 사람들이 에너지원이어서

 **공원에 15개의 가로등이 켜져 있고, 줄 서 있는 사람이 20명이라면, 앞으로 가로등은 모두 몇 개가 켜지는 걸까요?**

공원 관리 아저씨께서 줄 서 있는 사람들에게 받은 것을 장치에 넣자, 가로등 하나가 더 켜지며 공원이 더 밝아진다.

**15개 가로등 + 20명이 각각 가로등 하나씩을 밝혀요.**

**15 + 20 = 　　　　　 개**

명(明)    밝다를 뜻하고
**명**이라고 읽어요.

 **다음 낱말을 큰 소리로 읽어 보세요.**

조명    문명    발명가

총명    증명

이 글자는 해와 달을 함께 그린 모양이에요.

| 모양 | 뜻 | 소리 |
|---|---|---|
| 明 | 밝다. | 명 |

쓰는 순서와 쓰기

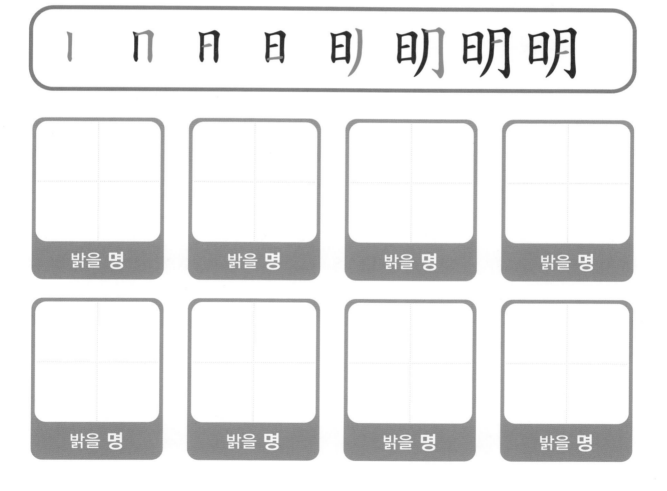

**낱말에 명(明)이 숨어 있으면 그 낱말에는 '밝다.'의 뜻이 들어 있어요.**

| 낱말에 똑같이 들어 있는 글자에 동그라미 하세요. | 낱말에 숨어 있는 같은 한자에 동그라미 하세요. |
|---|---|
| | 조明 |
| 조명 | 빛의 줄기로 밝게 비춤 |
| | 문明 |
| 문명 | 사람이 이룬 물질적, 기술적 발전으로 세련된 생활의 모습 |
| | 발明가 |
| 발명가 | 지금까지 없던 기술이나 물건을 새로 생각하여 만들어 내는 일을 전문적으로 하는 사람 |
| | 총明 |
| 총명 | 영리하고 재주가 있음 |
| | 증明 |
| 증명 | 그것이 거짓이 없는 사실인지 아닌지 증거를 들어서 밝힘 |

| 공통 글자는 무엇인지 써 보세요. | 공통 한자는 무엇인지 써 보세요. |
|---|---|
| 명 | 明 |

**밝을 명(明)이 숨어 있는 낱말에 동그라미 하고 써 보세요. (5개)**

조명 기구인 백열전구를 최초로 만들어 문명에 큰 영향을 끼친 발명가 에디슨은 어릴 때부터 매우 총명하고 탐구심이 강했다. 가난했지만 틈틈이 과학 공부와 실험을 게을리하지 않았고, 그것을 1,000여 가지의 발명품으로 증명했다.

## 기본 낱말 다시 배우기 (명사)

**에**　**지**　운동, 위치, 열, 전기처럼 물체가 일을 하는 능력

## 움직임을 나타내는 말 (동사)

**우**　**다**　어떤 물체를 땅 위에 서 있게 하다.

## 성질이나 상태를 꾸며 주는 말 (형용사)

우리는 환경 오염에 대해서 더 　　　하게 생각해야 한다.

**심각하다** : 상태가 매우 깊고 중요하다.

## 모양을 흉내 내는 말 (의태어)

여름이 되면 전기 사용량이 　　　 올라가요.

**쑥쑥** : 갑자기 많이 올라가거나 내려가는 모양

## 속담

공든 ⬤ 이 무너지랴. ➜ 노력한 일은 반드시 결과가 좋다는 말이에요.

지금까지 열심히 공부했으니, 시험도 잘 볼 거야. 공든 ⬤ 은 무너지지 않지.

## 습관적으로 쓰는 말 (관용어)

담쌓고 ⬤ 친다. ➜ 서로 잘 지내던 사이를 끊고 지내다.

나는 옆집 친구와 담쌓고 ⬤ 친 지 1년째다.

## 헷갈리기 쉬운 낱말과 잘못 쓰기 쉬운 낱말 (맞춤법)

내 꿈은 숙제를 대신해 주는 로봇을 　발견　　발명　하는 거야.

결정하기 전에 한 번 더 　곰곰이　　곰곰히　생각해 봐.

## 뒤죽박죽 섞여 있는 글을 바른 순서로 써 보세요. (문법-어순)

개발은 / 중요해요. / 지구를 위한 / 매우 / 대체 에너지의

➜ ......................................................................

## 오늘 한자

명(明) : **밝다**를 뜻하고 **명**이라고 읽어요.　明　□　□

## 정답

### 확인 학습   32p ~ 33p

주, 빛, 궁금, 뭉게뭉게, 별, 별, 하늘, 하늘

"우주는 우리의 상상을 뛰어넘을 만큼 굉장히 넓어!"
空, 空

106

**39p 어떤 말이 들어가야 할까요?**

날카로, 희한, 정확, 엉뚱

**40p 한 문장 독해**

1. 폭발을 일으키거나 터지기도 한다.
2. 과학적인 실험
3. 끊임없이 노력한다.

**41p 두 문장 독해**

1. 농업 연구소   2. 현미경
3. 불이 났을 때

**42p 세 문장 독해**

1. 알파 그릴   2. 1분   3. 요리 로봇

**46p 외래어**

스위치, 로봇, 알코올램프

**47p '안'을 사용하여 밑줄 친 부분을 고쳐 써 보세요. (문법-부정 표현)**

과학 실험실에서는 위험하니까 장난을 치면 안 된다.

연구는 내 마음대로 하면 안 돼요.

실험 물질을 손으로 직접 만지면 안 돼요.

망원경으로 태양을 직접 보면 안 됩니다.

**49p 한 문단 독해 1 (우화, 동화)**

1. ④   2. ③   3. 험상궂

**51p 한 문단 독해 2 (지식글)**

1. ②   2. ①   3. 40 ~ 70

**54p 낱말에 똑같이 들어 있는 글자에 동그라미 하세요.**

(중)

**54p 낱말에 숨어 있는 같은 한자에 동그라미 하세요.**

(重)

**55p 무거울 중(重)이 숨어 있는 낱말에 동그라미 하고 써 보세요. (5개)**

중(요)   중(력)   (신)중   (존)중   (소)중

**확인 학습** 56p ~ 57p

과, 으, 정확, 부글부글, 바늘, 바늘, 불꽃, 불꽃, 스위치

과학 실험실에서는 위험하니까 장난을 치면 안 된다.

重, 重

## 3주

**63p 어떤 말이 들어가야 할까요?**

뜨거, 위험, 차가, 안전

**64p 한 문장 독해**

1. 물  2. 모닥불을 피우는 것
3. 하늘로 증발한다.

**65p 두 문장 독해**

1. 뜨거운 물  2. 연기
3. 논밭을 휩쓸어 버렸어요.

**66p 세 문장 독해**

1. 겨울
2. 무심코 버린 담뱃불이나 아이들의 불장난
3. 건조하고 바람이 부는 날씨

**70p 글자만 같은 서로 다른 낱말 (동형어)**

1, 2, 3

**71p 피동 표현과 사동 표현을 사용하여 문장을 완성해 보세요. (문법-피동과 사동)**

형이 주전자에 물을 끓여요.
나는 별 모양으로 얼음을 얼렸어요.
선생님께서 알코올램프에 불꽃이 일어나게 해요.
할아버지께서 참나무로 만든 숯을 태워요.

**73p 한 문단 독해 1 (우화, 동화)**

1. ④  2. ③
3. 기술, 지혜, 무기, 갑옷, 도구

**75p 한 문단 독해 2 (지식글)**

1. ①  2. ②  3. 〉, 〈, 〉

**78p 낱말에 똑같이 들어 있는 글자에 동그라미 하세요.**

**78p 낱말에 숨어 있는 같은 한자에 동그라미 하세요.**

**79p 들 입(入)이 숨어 있는 낱말에 동그라미 하고 써 보세요. (5개)**

입(학)  (가)입  (구)입  (수)입  입(구)

### 확인 학습  80p ~ 81p

꽃, 끓, 뜨거, 타닥타닥, 등불, 등불, 불, 불

형이 주전자에 물을 끓여요.
入, 入

**108**

**88p 한 문장 독해**

1. 기술력   2. 아파트를 건설하는 곳
3. 없어져 가고 있다.

**89p 두 문장 독해**

1. 영화 산업과 관광 산업   2. 수소
3. 환경 오염이 심각하다.

**90p 세 문장 독해**

1. 육각형
2. 적은 재료로 공간을 빈틈없이 채우면
서 단단하게 집을 지을 수 있다.
3. 집이나 건물을 지을 때 이용한다.

**94p 헷갈리기 쉬운 낱말과 잘못 쓰기 쉬운 낱
말 (맞춤법)**

발견, 발명, 곰곰이

**95p 뒤죽박죽 섞여 있는 글을 바른 순서로 써
보세요. (문법-어순)**

석탄은 심각한 환경 오염을 일으킵니다.
환경 오염은 우리나라뿐만이 아니라 세계 공
통의 문제이다.
원자력 에너지는 친환경 에너지이지만 위험
성을 가지고 있어요.

지구를 위한 대체 에너지의 개발은 매우 중요해요.

**97p 한 문단 독해 1 (우화, 동화)**

1. ④   2. ①
3. 둘째 돼지의 나무 집 ○,
셋째 돼지의 벽돌집 ○,
셋째 돼지의 벽돌집 ○

**99p 한 문단 독해 2 (지식글)**

1. ③   2. ②   3. 35

**102p 낱말에 똑같이 들어 있는 글자에 동그라미 하세요.**

(명)

**102p 낱말에 숨어 있는 같은 한자에 동그라미 하세요.**

(明)

**103p 밝을 명(明)이 숨어 있는 낱말에 동그라미 하고
써 보세요. (5개)**

(조)명   (문)명   (총)명   (발)명(가)   (증)명

**확인 학습** 104p ~ 105p

너, 세, 심각, 쑥쑥, 탑, 탑, 벽, 벽, 발명, 곰곰이
지구를 위한 대체 에너지의 개발은 매우 중요해요.
明, 明